Mein großes Bilderlesebuch

Zum Vorlesen und Mitlesen

Ravensburger Buchverlag

Inhaltsverzeichnis

Seite 5
Wo ist dein Besen, kleine Hexe?

Seite 31
Die Abenteuer des kleinen Piraten

Seite 57
Drei ganz dicke Freunde

Seite 83
Ein Fußball zum Geburtstag

Seite 109
Der Hasenfranz und die frechen Eierräuber

Seite 137
1, 2, 3 – Zahlen fliegt herbei

Seite 163
Kannst du schon lesen, Benno Bär?

Seite 188
Kennst du schon die Buchstaben?

Wo ist dein Besen, kleine Hexe?

Mit Bildern von Erhard Dietl

Erzählt von Ingrid Uebe

Eine kleine 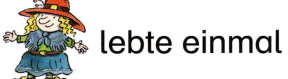 lebte einmal

in einem uralten  mitten

im . Aber sie war nicht allein.

Neben dem  gurrten

zwei . Unter dem

wohnte eine . Ein

saß in seinem am .

Ein schwarzer  schlief neben

dem . Unter der

wohnten drei .

Die kleine 🧙 hatte in dem

uralten 🏠 alles, was sie so

brauchte. Auch einen 🧹.

Wenn der 🌙 schien, ritt sie darauf

durch den 🌳. Sie ritt über

🌸 und 🌾. Hui, hui!

Ihre 〰️ wehten nur so hinter ihr her.

Der 🧹 trug sie zu einem

hohen ⛰️. Dort traf sie die

anderen 🧙‍♀️.

8

Alle  ritten auf ihren

und tanzten mit den

immer um den herum.

Der volle  und die

sahen ihnen dabei zu.

Einmal suchte die kleine  ihren  vergeblich. Sie suchte drinnen im  und draußen vor der . Aber der  war fort. Gestohlen!

Die kleine  weinte viele bittere . Wie sollte sie ohne auf den  zu den anderen  kommen? Der  war sehr weit.

„Oh weh!", gurrten die  .

„Jetzt musst du zu  gehen.

Leider hast du keine  wie wir."

Der  krächzte:

„Lauf hinaus in den  und such

deinen  . Wenn du die

offen hältst, wirst du ihn schon finden."

Der  rief:

„Ja, pack deinen  und mach

dich gleich auf den  !"

Die kleine  tat und  in ihren , dazu ein paar . Dann ließ sie den  aus seinem  und legte ihr um. „Ich komme mit", sagte der  und lief vor ihr her aus dem .

Die kleine  lachte zufrieden.

Sie schloss die  ab. Dann machten sie sich auf den .

Oh wie groß war der  !

Oh wie oft gingen  und 🌙

auf und unter! Aber die kleine 🧙

und der  suchten den 🧹

leider vergeblich.

Als sie an einen  kamen,

tauchten sie 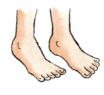 und

ins  und ruhten sich aus. Sie

stärkten sich mit  und  .

Die  mochte der nicht.

Da schwamm ein  vorüber

und fragte:

„Kleine  , wo ist dein ?"

„Weiß nicht", sagte die kleine  .

„Hilfst du mir suchen?"

„Nein!", rief der 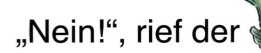 und verschwand.

Bald darauf kam eine 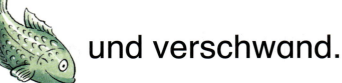 den

 entlang. Die fragte:

„Kleine , wo ist dein 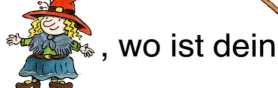?"

„Weiß nicht", sagte die kleine .

„Hilfst du mir suchen?"

„Nein!", rief die  und verschwand.

Die kleine  und der

gingen weiter. Da begegnete ihnen

der .

Was hatte er für große !

Was hatte er für spitze !

Die kleine  und der

fürchteten sich sehr. Das klopfte

ihnen bis an die .

Der 🐺 aber wedelte nur mit

dem 〰️ und fragte:

„Kleine 🧙, wo ist dein 🧹?"

„Weiß nicht", sagte die kleine 🧙.

„Hilfst du mir suchen?"

„Nein!", rief der 🐺 und lief weg.

Die kleine 🧙 und der 🐈

gingen weiter.

„Die 🍂 fallen schon von den 🌳",

sagte der 🐈.

18

„Die kleine  fröstelte und

wickelte sich fest in ihr .

Bald fiel dichter aus den

. Der deckte alles zu.

Die kleine  und der

hatten nichts mehr zu essen.

Ihr  war leer.

Sie kamen an eine .

Darin wohnte ein .

Der öffnete ihnen die .

Sein  war mit

und reichlich gedeckt.

Die kleine  und der

aßen sich satt. Der sah zu.

Dann nahm er seinen und führte

sie durch die  zu einem

 .

Am dritten  machten sie halt.

Der hob den und rief:

„Kleine , da ist dein !"

22

Wahrhaftig! Am stand ein  und hielt einen 🧹 im 🦾.

Den 🧹 der kleinen 🧙‍♀️!

Die sprang von einem 🦶 auf den anderen.

„Lieber ⛄!", rief sie.

„Wo hast du den 🧹 her?"

„Die 👦👦👧 haben ihn mir in den 🧤 gedrückt", antwortete der ⛄.

„Sie haben den 🧹 draußen im 🌳 gefunden."

„Der 🧹 gehört mir", sagte die kleine 🧙. „Gib ihn mir wieder!"

Da rollten dem ⛄ dicke 👁 aus den 👁👁.

24

Der kleinen  tat das sehr leid.

Sie rief: „Ach, , ich hexe dir,

was dein begehrt, wenn du

mir den  zurückgibst."

Der  sagte:

„Ich habe noch nie eine  gesehen.

Aber mein sehnt sich danach,

seit die  mir von

erzählt haben."

Da lachte die kleine .

Sie klatschte in die 🖐️🖐️, und schon

stand eine 🌻 am 🪵.

Die pflückte sie ab. Schnell gab ihr

der ⛄ den 🧹. Sie legte

ihm dafür die 🌻 in den 💪.

„Jetzt geht es heim!", rief der 🐈.

Die kleine 🧙 und er hockten

sich auf den 🧹.

Wie ein braves 🐎

trug er sie davon.

Die Wörter zu den Bildern:

Die Abenteuer des kleinen Piraten

Mit Bildern von Markus Grolik
Erzählt von Ingrid Uebe

Ein kleiner  lebte einmal

in einer windschiefen  nahe

am großen . Bei günstigem

 segelte er mit seinem

durch die . Er hatte sein

immer dabei. Über sich sah er die

. Unter sich sah er die .

Aber niemals sah der

kleine  die großen ,

von denen er träumte.

Da dachte der kleine  :

Ich muss weiter auf das hinaus!

Ich muss große  kapern!

Ein echter  fürchtet sich nicht.

Aber die ging auf und unter.

Und der kleine  blieb immer

nahe bei seiner . Er wollte auf

dem großen  nicht allein

sein. Abends saß er vor der

und sah betrübt in den .

34

„Wer kommt mit auf mein  ?",

rief er. „Wer fährt mit aufs  ?"

Auf dem  der hockte

eine  .

Gleich daneben turnte ein

in einer  herum.

Unten saß eine  auf einem . „Ich fahre mit!", rief die .

„Ich auch!", rief der .

„Ich auch!", rief die .

„Na, fein!", sagte der kleine .

Als die aufging, stiegen sie alle in das . Bald war die  nicht mehr zu sehen.

Nur noch weiße  und blaue  waren um sie herum.

Aber der kleine  fürchtete sich

kein bisschen. Die  schlief

mit in seinem . Der  saß

oben im  und ließ sich den

 um die  wehen.

Noch höher kreiste die  mit

ihren schneeweißen  immer

um das  herum. Der kleine

hatte fast vergessen, warum er

aufs  hinausgefahren war.

Endlich rief der : „Großes  voraus!"

„Ja, ja, ja!", kreischte die .

„Wo denn?", fragte die . Und der kleine  griff eilig nach seinem .

Da kam wirklich das größte , das er je erblickt hatte!

Sein klopfte schnell.

Aber das große  fuhr an dem kleinen  einfach vorbei.

39

Nicht lange danach rief der  :

„Nette  voraus!"

„Ja, ja, ja!", kreischte die  .

„Wo denn?", fragte die  .

Der kleine riss die   auf.

Dicht vor dem schwamm eine

schöne  und winkte ihm zu.

Schon wollte der kleine  ins

 springen. Aber der

und die  hielten ihn fest.

40

„Komm doch, kleiner !", rief die  und streckte ihre weißen  nach ihm aus. „Komm mit mir! Die großen  tief unten im  werden dich reich machen."

Der kleine  seufzte: „Schöne

, du gefällst mir sehr gut.

Aber was soll ein echter  denn

unten im ?

Ich muss bei meinem  bleiben."

„Schade!", sagte die . Und weil

sie ihn in ihr  geschlossen hatte,

schenkte sie ihm eine goldene .

Die stammte von den großen

tief unten im .

Der kleine  bedankte sich

und hängte die goldene  um

seinen . Die  winkte

und tauchte allein ins  hinab.

Das  segelte weiter.

Bald darauf zogen schwarze

vor die . Dann zuckten die

ersten  herab. Es folgte der

. Ein heftiger

kam auf und peitschte die .

Der kleine  rang verzweifelt

die . Eine riesige

überspülte das . Schon

brach der . Schon zerriss

das . Das  sank.

Nur ein paar  blieben von

ihm übrig. Die setzte sich

auf das erste. Der  kletterte

auf das zweite.

Die  erklomm das dritte.

Der kleine  erwischte den ◯.

Sein 🔭 und ein 〰️ hielt er fest

in der ✋. Endlich legte sich

der ☁️. Die **4** atmeten auf.

„Gerettet!", rief der kleine .

47

Er band den  und die drei

 mit dem  zusammen.

Ein paar kleinere  nahmen

sie als . So ruderten sie immer

der  entgegen. Nur die

ruhte sich aus. Endlich kamen sie an

eine schöne, grüne .

Der  rief: „Da gibt es !"

Die  rief: „Und !"

Die  rief: „ sowieso!"

Auf der  wohnte aber ein grässlicher .

Der schnaubte , als er sie sah.

„Fort mit euch!", rief er. „Meine  ist für  verboten!"

„Ach, lieber Drache", rief der kleine . „Wir können nicht wieder aufs  zurück. Die dünnen  tragen uns nicht länger.

Lass uns auf deine !"

Der  fragte:

„Was kriege ich denn dafür?"

„Meine goldene ." Der kleine

nahm die ab. Und der

hängte sie sich schnell um den 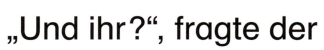.

„Und ihr?", fragte der

die anderen. „Habt ihr auch ?"

„Nein", sagte der , „aber ich kann

dir pflücken." – „Und ich", sagte

die , „kann dir  fangen."

„Und ich",

sagte die , „kann auf meiner

für dich eine 🍊 tanzen lassen."

Da nickte der

und ließ sie auf seine .

Als die  ins  sank,

machte er ein hübsches .

Alle setzten sich darum herum

und brieten die . Dann aßen

sie die . Endlich ließ

die eine auf ihrer

tanzen. Da lachte der .

Der kleine sagte: „Nirgendwo auf

der  ist es so schön wie auf

einer  mitten im ."

Die Wörter zu den Bildern:

Affe	Feuer	Meer
Apfelsine	Fisch	Mond
Arm	Flügel	Möwe
Auge	Hals	Nase
Banane	Hand	Nixe
Bett	Herz	Ohr
Blitz	Hütte	Palme
Brett	Insel	Pirat
Dach	Kette	Regen
Drache	Mast	Rettungs-ring
Fernrohr	Mastkorb	Robbe

Ruder	Seil	Welle
Schiff	Sonne	Welt
Schwanz	Stein	Wind
Segel	Tür	Wolken
Segel-boot	Vier	Wrack

Drei ganz dicke Freunde

Mit Bildern von Eva Czerwenka

Erzählt von Rosemarie Künzler-Behncke

Das ist Lukas . Und das ist Julia . Sie wohnen im selben . Die beiden kennen sich schon ewig. Sie haben zusammen  fahren gelernt. Einmal wollten sie einen  fangen und sind beide in den  gefallen. Einmal haben sie gespielt und ein  ging in 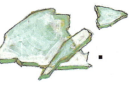.

Aber jetzt sind Ferien und

ist am .  fühlt sich sehr

einsam. Ach, wenn doch  da

wäre! Dann könnten sie zusammen

 fahren oder eine

bauen oder spielen.

 schaut aus dem

auf die .

Er zählt die  und

die .

 langweilt sich. Doch da!

Was ist das? Genau vor dem

hält ein  und dahinter

ein . Eine , ein

und ein steigen aus dem

. Zwei  öffnen den

 und stellen

ein , einen , einen

und vier

auf die .

 schaut aus dem ,

bis der  leer ist.

Dann läuft neugierig auf

die . Da kommt ihm

das  entgegen.

Es hat lange blonde  und

leuchtend blaue . Wie eine

 sieht es aus.  kriegt

einen roten . Ob sie merkt,

was er denkt?

 guckt auf seine  und

will schnell weg.

„Hallo!", sagt das . „Wohnst

du hier?"  nickt mit dem .

Sein  klopft wie wild.

„Ich heiße Sarah!", sagt das .

„Und du?"

„Lukas!", murmelt er. Und dann zischt

 wie eine  ins

zurück.

Abends im  kann  nicht

einschlafen. Er muss an

denken. Er möchte am liebsten

den  wegschieben, damit die

 aufgehen kann. Morgen will

er nicht weglaufen vor .

Als die  dann wirklich scheint

und  gerade sein

isst, klingelt es.

 steht vor der .

66

 hat einen  unter dem

. „Hey, Lukas!", sagt sie.

„Spielst du mit mir?" Und schon

laufen sie die runter.

Sie spielen mit dem . Sie

rutschen auf der .

Sie wippen auf der .

Dann legen sie sich ins .

Die  sehen aus wie .

Es ist schön neben !

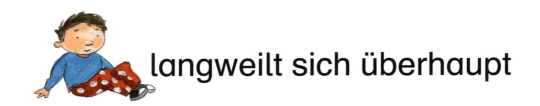 langweilt sich überhaupt

nicht mehr. Wenn es regnet,

bauen  und

eine ⬛ aus dem 🟦

mit 🟥 und 🟧.

Ihre ⬛ liegt auf einer

einsamen 🏝.

Rundherum tobt das wilde 🌊.

Es ist schön mit 👧

in der !

Das ist 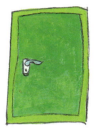!, denkt ,

als es am nächsten Tag klingelt.

Er reißt die  auf. Aber es ist .

„Ich bin wieder da!", sagt sie und

schenkt  eine große .

🧒 weiß nicht, was er sagen soll.

Seine 👂 sind ganz rot.

Und da taucht auch schon 👧 auf.

👧 und 👧 schauen sich

mit großen 👁️ 👁️ an.

„Das ist Sarah!", sagt 🧒 zu 👧.

„Sie wohnt jetzt hier im 🏠."

„Das ist Julia!", sagt 🧒 zu 👧.

„Sie ist vom 🏝️ zurückgekommen."

„Komm, ich will mit dir in unserer

spielen", sagt  zu .

„Nein, ich will mit

 spielen", sagt .

Da streckt  ihr die

raus und rennt die  runter.

 ist ganz flau im 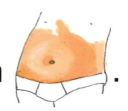.

Soll er sagen, dass er

 ein bisschen lieber mag?

 mag er ja auch und schon

viel länger.

 sitzt auf dem

und rollt die .

„ ist eine blöde !", sagt sie.

 schüttelt den :

„Sie sieht wie eine  aus."

Da klatscht 🧒 in die 🖐️ und lacht:

„Ja, wie eine 🐄-👸!"

„Hör auf!", sagt 👦.

„Bist selber eine 🐄-👸."

🧒 tippt sich an den 😊.

„Du bist vielleicht ein 🤵!", schreit sie.

🧒 rennt raus und knallt die 🚪 hinter sich zu.

75

 lässt sich

auf sein  fallen.

 ist traurig und allein.

Plötzlich klingt etwas an sein 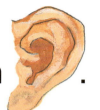.

Nanu, was ist denn im los?

Vorsichtig öffnet das

und streckt den  raus.

Und was sehen seine ?

 und  spielen  und

hüpfen wie  hin und her.

Jetzt haben sie ihn entdeckt.

„Lukas, komm runter!", ruft 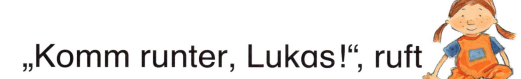 .

„Komm runter, Lukas!", ruft .

Wie ein saust

die runter.

Dann spielen sie zu dritt  ,

bis die untergeht.

Und es gibt keine blöde

und keine und keinen

mehr.

, und  gehen

jetzt immer zusammen zur .

Meistens laufen sie  in .

Manchmal mag

 ein bisschen lieber als .

Manchmal mag

 ein bisschen lieber als .

Manchmal mag

 ein bisschen lieber als .

Oder umgekehrt. So ist das eben.

Die Wörter zu den Bildern:

80

Mädchen/Sarah	Rutschbahn	Treppe
Mann	Scherben	Tür
Meer	Schrank	Wippe
Möbelwagen	Schuhe	Wolken
Mond	Schule	Zunge
Muschel	Sofa	
Ohren	Sonne	
Prinzessin	Straße	
Rakete	Stuhl	
	Tisch	

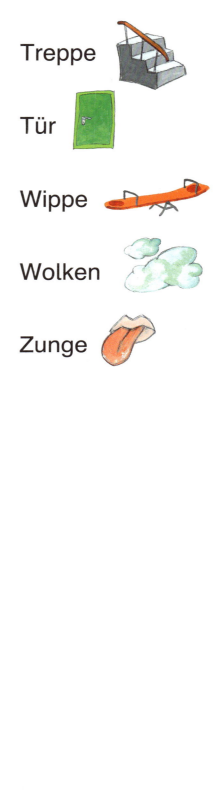

Ein Fußball zum Geburtstag

Mit Bildern von Erhard Dietl

Erzählt von Manfred Mai

 packt die

 gleich aus.

Er bekommt ein ,

zwei  und .

Und einen . Über den

freut sich besonders.

Er lässt den sofort

auf dem tanzen.

„Halt!", sagt Mama . „Im

spielt man nicht ."

Da gehen die
mit dem  in den  .
 legt zwei
ins . Das ist ein 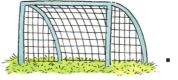 .
Zwei  sind das andere.

Nun kann es losgehen!

 bläst in die .

 hat den .

Er spielt durch die

von zu .

Der schießt über den .

Der trifft den

von einem  mit .

Der fliegt in einen

und landet auf einem .

88

„Treffer!", ruft der 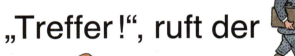.

Die , die den  schiebt,

schimpft. Doch das

stubst den aus dem .

Genau in eine .

„Treffer!", sagt die  und lacht.

Der  schimpft, nimmt seinen

 und geht weiter.

Ein  auf  wirft

den  zurück über den .

 führt den  sehr

geschickt, umdribbelt

und läuft aufs 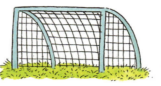 zu.

 kann ihn nur noch an der

festhalten. Die rutscht nach

unten. Alle sehen den nackten

von und lachen.

„Ha, ha, ha!", macht .

„Ihr habt wohl noch nie

einen  gesehen, was?"

Wütend schnappt sich

den und schießt ihn

an vorbei ins 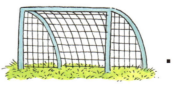 .

Dann reißt er die

hoch und jubelt.

 hat zwei linke .

Er trifft den  nie

richtig.  lacht ihn aus.

Da nimmt  den  in die

 und wirft nach .

„!", ruft . „Das

gibt **11**-Meter!"  holt

den . steht

in ihrem 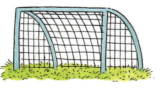 und

lauert wie eine .

94

läuft an und schießt.

Der  fliegt hoch über

 und über den

in den  nebenan.

„Spinnst du!", ruft .

 geht zum  und

guckt hindurch. Sein

liegt mitten im .

„Kommt mit, wir holen ihn", sagt .

Die  laufen schnell

zum  hinaus auf

den . Dann schleichen

sie am  entlang

bis zum nächsten .

„Du musst den  holen",

flüstert . „Aber ihr

müsst mitkommen", sagt .

„Allein traue ich mich nicht!"

Die  schleichen durch

das , am  vorbei.

Plötzlich bellt ein .

Die  erschrecken

und verstecken sich

hinter dem .

 sieht, dass der

an seiner  angekettet ist.

 geht zu seinem .

Sein  klopft wie wild.

Der bellt und zerrt

an der .

Die 🔗 hält und 👦

kann seinen ⚽ holen.

Mit dem ⚽ unter dem 💪

rennt er am 🚗 vorbei

aus dem 🌳. Ihm hinterher

rennen die anderen 👬.

Erst vor dem 🏠 von 👦

bleiben die 👬 stehen.

Alle haben weiche 🦵

und klopfende ❤️❤️.

 möchte weiterspielen.

 schaut ihn mit großen

  an. „Holst du dann

den , wenn er wieder

über den  fliegt?"

„Ich schieße nicht über

den ", behauptet .

„Ich kann ja spielen."

 mag nicht mehr.

Während die  noch

streiten, kommt

zur  heraus. „Jetzt gibt's

 für alle. Wer will

denn ein ?"

„Ich!", rufen alle .

Der  steht

schon auf dem .

 bläst alle

auf einmal aus. teilt

den  aus und gießt

 in die .

Nach der Aufregung mit dem

im  und mit dem

bellenden  schmeckt

der  natürlich besonders gut.

Die Wörter zu den Bildern:

Arme	Frau	Glatze
Augen	Fünf	Gras
Auto	Fuß	Hand
Baby	Fußball	Haus
Bäume	Garten	Herz
Beine	Gartentor	Hose
Blumenbeet	Geburtstag	Hund
Bücher		Hut
Buggy	Geburtstagskuchen	Hütte
Bürgersteig	Geschenke	Inlineskates
Elf		

Jungen		Malstifte		Tom	
Junge/Florian		Mama		Tor	
Katze		Mann		Trillerpfeife	
Kerzen		Milch		Tür	
Kette		Pfütze		Zaun	
Kevin		Po			
Kinder		Rennauto			
Knie		Sinan			
Kuchenstück		Steine			
Lukas		Tassen			
Mädchen/Lisa		Tisch			

Der Hasenfranz und die frechen Eierräuber

Mit Bildern von Hermien Stellmacher
Erzählt von Ursel Scheffler

„Putzt die 👂, wascht die ✋✋!

Oma 🐰 wartet längst schon mit

der 🎂 auf uns!", ruft Mama 🐰.

„Darf ich den 🥕🍰 tragen?",

fragt der 🐰.

„Nein ich!", ruft seine Schwester 🐰.

„Nein ich!", brüllt der 🐰 noch lauter.

🐰 haut dem 🐰 auf die ✋✋.

Der 🍽 mit dem 🥕🍰

fällt vom 🟩.

„Dumme 🐄!", ruft der 🐰.

„Du oberdoofes 🐪!", brüllt 🐰.

„Alte 🐐!", schimpft der 🐰.

„Du blöder 🐒!", schreit 🐰 zurück.

Der 🐰 packt 🐰

bei den 👂.

Es gibt eine wilde Rauferei.

„Aufhören!", ruft Papa 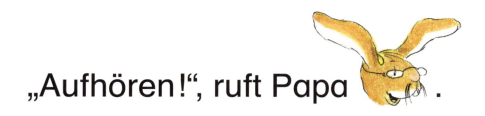.

„Nehmt  und ,

und und macht alles sauber,

ehe ihr zu Oma  geht!

Wir laufen schon voraus!"

Papa , Mama

und die 7 kleinen

verlassen das.

Sie tragen  und.

Papa  trägt den

mit  und frischem .

 und der  sehen ihnen

vom  aus nach.

„Beeilen wir uns", sagt  .

„Ich will auch von der  essen!"

Sie nimmt  und  .

Der  nimmt den

und holt  . Es ist 3  .

Um 3  treffen sich im

hinter der alten  4 wilde  :

ein , 2  und ein .

Ein  hat ihnen erzählt,

dass heute das  leer ist,

weil alle im  von Oma

Geburtstag feiern.

„Mir nach", ruft der . „Es geht los!

Nehmt , ,  und ,

damit uns niemand erkennt."

Der  trägt eine .

Darin sind  , und ein

 .

Das schultert die .

Die beiden ziehen den .

Auf leisen Sohlen schleichen die

durch den , an der

vorbei, hinter der entlang über

die , bis zum hinter dem

 .

Das  legt die ... über den

 wie eine ... . Dann laufen alle

hinüber. Den  ziehen sie gemein-

sam an einem ... durch den  .

Am  hinter dem kommen sie nicht weiter.

„Nimm die !", sagt der zum .

Ritsch-ratsch sägen die 4 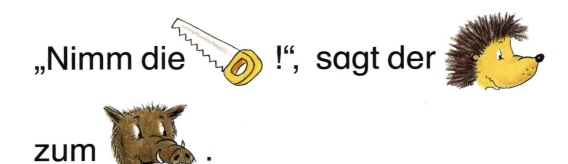 eine Lücke in den und rollen den bis vor das .

Mit  knackt

der das an der .

Die  lagern im kühlen Keller.

Mit  schleichen

die  hintereinander

die  hinunter.

Das  voran, der als Letzter.

Er geht nicht gerne ,

weil er so kurze hat.

„Über 100 !", rufen die 2

 begeistert. „Kommt schnell!

Auf unseren  damit!"

„Was war das?", fragt der .

Er sitzt auf dem  und zieht

gerade sein frisches an.

„Hat da nicht die geknarrt?"

„Ach was!", sagt . „Es ist doch

niemand im !"

Der  sieht aus dem und

entdeckt die  im .

Sie beladen gerade ihren

mit den geklauten ...

Jetzt laufen die 4 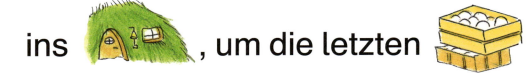 noch mal

ins 🏠, um die letzten 📦

zu holen.

„Komm schnell!", flüstert der 🐰 und

schiebt 🐰 durch den Flur zur 🚪.

„Die frechen 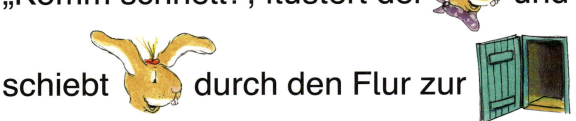 fangen wir!"

Der 🦔 verschwindet als Letzter

im Keller.

Blitzschnell wirft der 🐰

hinter ihm die 🚪 zu.

Gemeinsam schieben 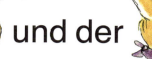 und der

den  vor die .

Jetzt kommen die

wieder die herauf.

„Aufmachen!", ruft der .

„Lasst uns raus, sonst passiert was!",

droht das . Wütend hämmern

die  gegen die .

„Gefangen!", jubelt der .

„Wie in einer !"

„Geschafft", schnauft 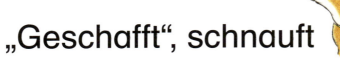. „Jetzt rufen wir  an. Der soll die  abholen und hinter stecken!"

Der  greift zum .

Tatütata! Da kommen auch schon das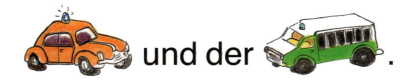

und der .

Die  schnappen zu.

128

Die  werden in den

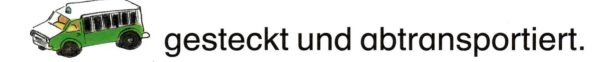 gesteckt und abtransportiert.

„Diese 4 miesen  verfolgen

wir schon lange!",

seufzt .

„Das habt ihr gut gemacht!"

Der  und gehen mit zum . Der

fragt: „Könnten Sie uns bitte

zu Oma fahren? Ganz schnell!

Sonst ist nämlich die alle!"

Als und der mit dem

, Tatütata und bei Oma

ankommen, ruft Papa erschrocken:

„Was habt ihr denn bloß angestellt?"

„Nichts", sagt der und kratzt sich

verlegen hinter den .

„Die beiden haben 4 lang gesuchte

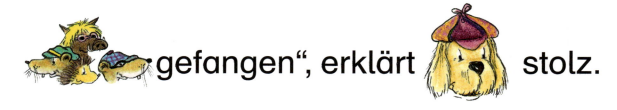 gefangen", erklärt stolz.

„Jetzt möchten sie schnell ein Stück

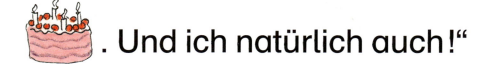 . Und ich natürlich auch!"

Die Wörter zu den Bildern:

Blumen

Päckchen

Ohren   Kamel   Korb

Pfoten   Ziege    Möhren

Oma Hase    Affe   Salat

Geburtstags-torte   Papa Hase    Fenster

Mama Hase   Besen    Wasser

Möhren-kuchen   Schaufel   Uhr

Hasenfranz   Eimer   Wald

Kiki   Lappen   Mühle

Teller   Hasenkinder    Räuber

Tisch   Hasenhaus    Wildschwein

Kuh   Ratten

1, 2, 3 - Zahlen fliegt herbei

Mit Bildern von Michael Schober
Erzählt von Ingrid Uebe

Es war einmal 1 .

Der wohnte in einem großen

zwischen grünem  und

weißen . Da ging es dem

sehr gut. Mit seiner langen  fing

er die leckersten .

Mit seinen großen beobachtete

er die schönsten . Tagsüber

quakte er zur goldenen ☀ hinauf

und nachts zum silbernen ☾.

Leider fühlte sich der  ab und zu schrecklich allein. Das tat ihm weh, die  wurden ihm feucht und die  schmeckten ihm nicht mehr. Der  hockte traurig auf einem und sah auf den  hinaus. Da schwammen  und blickten freundlich herüber. „He!", rief der . „Ich will mit über den  schwimmen."

„Warum nicht?", riefen die .

Da sprang der  zu ihnen in den

 und schwamm mit

den 2 überallhin. Erst als

die sank, kehrte er heim.

Bald darauf saß der  wieder

auf seinem und war traurig.

Nicht weit entfernt lag ein .

Der  sprang hinein und nahm

die . Dann ruderte er hinaus

auf den . Auf einmal sah er

 bunte . Die tauchten

unter die  und noch tiefer

hinab. „He!", rief der , „lasst

mich mit unter die Seerosen tauchen."

Die winkten ihm freundlich

mit ihren . Da hüpfte der

 aus dem 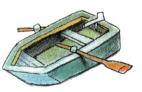 und gleich

zwischen die . Er und die

 tauchten überallhin.

Als die ☀ hinter die ⛰ sank,

war der arme 🐸 wieder allein.

Er saß auf seinem 🪨 und lauschte,

wie die 🐦 so herrlich sangen.

Doch als der 🐸 ganz still dasaß,

kamen 4 🐦 geflogen

und setzten sich vor seine 🦵.

Oh, wie fröhlich pochte sein ❤ !

„Sing mit uns!", riefen die 🐦.

Und der 🐸 quakte begeistert mit.

Als der 🌙 aufging, flogen die 🐦🐦 davon und verschwanden eilig im 🌲. Mit sehnsüchtigen 👀 blickte der 🐸 ihnen nach. Dann sprang er hinterher. Aber kein 🐦 ließ sich mehr sehen. Im 🌲 war es finster. Nur wenige 🐰🦔 waren noch wach. Zuerst traf der 🐸 eine 🦉, bald darauf eine 🐭 und schließlich einen 🦊.

Der 🦊 jagte 5 🐰. Flink stellte der 🐸 ihm ein 🦵. „Oh, danke schön!", riefen die 🐰 und hüpften über einen gluckernden 🏞️.

Entzückt rief der 🐸: „Lasst ihr mich mithüpfen? Meine 🦵 sind so gut wie eure." Da nickten die 🐰 ihm zu. Der 🐸 zögerte keinen 👀-blick und hüpfte mit ihnen kreuz und quer durch den 🌲.

Doch irgendwann waren die  verschwunden. Der  setzte sich unter die breiten  einer uralten  und ruhte sich aus.

Plötzlich traf ihn ein .

Der 🐸 blickte nach oben. Er entdeckte 6 🐿️🐿️🐿️🐿️🐿️🐿️. Die hatten spitze 👂 und buschige 🦊. Sie kletterten auf und ab und warfen mit 🌰. „Komm rauf!", riefen die 🐿️🐿️. „Oder brauchst du vielleicht eine 🪜?"

Der 🐸 lachte nur und kletterte ohne 🪜 flink in die 🌲. Da staunten die 🐿️🐿️ sehr.

Als die ☀ kam, verabschiedete

sich der 🐸 von den 🐿 und

wanderte fort durch den 🌲. Er kam

an ein kleines 🏠. Da wohnten

die 7 🧙‍♂️. Sie wollten

eben frühstücken und holten den 🐸

an ihren 🪑. Sie gaben ihm 🍽

und 🥛 und teilten mit ihm, was

sie hatten. Der 🐸 aß und trank und

fand die 🧙‍♂️ ganz reizend.

Danach wollte der 🐸 gern spazieren gehen. Aber die schüttelten die 👴. Sie mussten mit ⛏ und 🔨 hinaus in die ⛰. Auch ihre 🏮 nahmen sie mit. Der 🐸 war ganz betrübt. Er lief durch den 🌲 ins ins 🏘. Vor der ⛪ begegneten ihm 8 🐕. Die wedelten sehr erfreut mit dem 🐕.

Der  fragte: „Geht ihr mit mir spazieren?" Das wollten die  sehr gern. Alle verließen das  und liefen am entlang. Dann mussten die  leider zurück.

Der 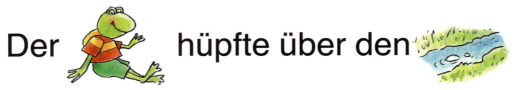 hüpfte über den .

Drüben warteten 9 .

„Was wollt ihr?", fragte der .

„Wir wollen spielen!", riefen die .

„Wir verstecken uns im  oder

hinter einem  oder in einem

. Und du musst uns suchen."

„Au ja", sagte der . Darauf

hielt er sich schnell die  zu

und die  versteckten sich.

154

Der  und die spielten

zusammen, bis die  aufblinkten.

Da rief die größte plötzlich:

„Vorsicht, die  kommen!" Und

wie der waren alle weg.

1 2 3 4 5

Der 🐸 sah sich um. Da kamen

10 🐱🐱🐱🐱🐱🐱🐱🐱🐱🐱

auf leisen 🐾 über die 🌱. Ihre

grünen 👀 blitzten. Eilig wollte

er fort. Aber die 🐱 lachten:

„Du dummer 🐸, wir haben gejagt

und den 🌙 angesungen. Nun wollen

wir nur noch zu 🛏." Sie legten

sich unter den nächsten 🌳

Der 🐸 legte sich erleichtert dazu.

156

Als die  ihn weckte, rieb er

sich die . Alle

waren fort. Der arme lag allein im

unterm . Doch neben ihm

stand ein und lachte ihn an.

10 20 30 40 50

Oben auf dem 🌳 wuchsen lauter Zahlen. Der 🧙 pflückte eine dicke O und berührte sie mit seinem 🪄. Da begann es vom 🌳 zu regnen. Es regnete 10 🐸, 20 🦆, 30 🐟, 40 🐦, 50 🐰, 60 🐿️, 70 🧝, 80 🐕, 90 🐭 und 100 🐱. Von diesem 🐸-blick an war unser 🐸 nie mehr allein.

60 70 80 90 100

Die Wörter zu den Bildern:

Frosch	Stein	Eule
Teich	Enten	Maus
Schilf	Boot	Fuchs
Seerosen	Ruder	Hasen
Zunge	Fische	Bein
Fliegen	Flossen	Bach
Augen	Berge	Zweige
Libellen	Vögel	Tanne
Sonne	Füße	Tannenzapfen
Mond	Wald	Eichhörnchen
Herz	Tiere	

Ohren	Laternen	Pfoten
Schwänze	Dorf	Wiese
Leiter	Kirche	Bett
Haus	Hunde	Baum
Zwerge	Fluss	Zauberer
Tisch	Mäuse	Null
Teller	Gras	Zauberstab
Becher	Loch	
Köpfe	Sterne	
Hacke	Katzen	
Schaufel	Blitz	

Kannst du schon lesen, Benno Bär?

Erzählt und illustriert von Erhard Dietl

In einer uralten

wohnte einmal ein .

Er trug einen grauen

und saß am liebsten

im  vor dem .

Auf seinem  hockte ein .

Da klopfte der kleine

an seine  und fragte:

„, kannst du mir zeigen,

wie man zaubert?"

Der  nahm ein dickes

aus dem . „Spitz deine ,

Benno !", sagte der .

„Du musst erst mal das Zauber-ABC

lernen! Das sind 26 Buchstaben.

Als Erstes zaubern wir mit A!"

Der  durfte mit dem

wedeln und ABRAKADABRA sagen.

So zauberte er 3 Wörter mit A.

Einen , eine  und einen .

„Einen  brauchen wir nicht!",

sagte der .

Er wedelte mit dem

und ließ den 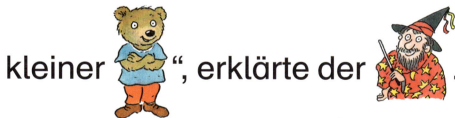 verschwinden.

„Du musst noch viel lernen,

kleiner ", erklärte der .

„Du kannst in der  bleiben.

Ich komme um  zurück."

Der stieg in seine .

Der  verwandelte sich

in ein schwarzes

und sie fuhren davon.

Jetzt war der 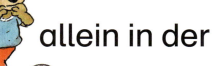 allein in der .

Hier gab es  und

und der vor dem

warf einen gruseligen .

168

Der  nahm eine

und untersuchte neugierig

die ganze  von oben bis unten.

Er stieg auf jede steile

und öffnete die schweren .

Eine graue

strich dabei um seine .

Hinter einer geheimnisvollen

stand eine  aus dunklem .

Bestimmt war darin ein !

Der  drehte den 🗝 um

und das 🔓 sprang auf.

In der 🧰 lagen viele

bunte Buchstaben.

„Das ist das Zauber-ABC!",

rief der 🐻. Seine  wurden

weich. Sein ❤ klopfte wie wild.

Er legte alle Buchstaben

vor sich auf den 🟦:

Der 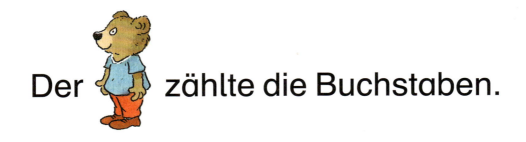 zählte die Buchstaben.

Wie viele waren das?

Es gibt doch **26** Buchstaben –

welche fehlten denn da?

Der  schaute noch mal in die .

Aber er fand nur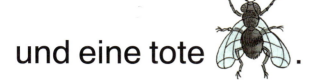

und eine tote .

Er klopfte mit dem

auf die . ABRAKADABRA!

Schon lagen die **3** fehlenden

Buchstaben in der .

Das **A**, das **H** und das **K**.

Der  legte alle **26**

Buchstaben aneinander:

2 Buchstaben hatte er falsch hingelegt. Welche waren das?

Es waren das und das .

„Jetzt will ich zaubern!",

rief der .

Er nahm 6 Buchstaben und schrieb:

FRUSCH. Der  wedelte

mit dem . ABRAKADABRA!

Plötzlich zuckten grelle

und es gab eine Menge .

Die  miaute erschrocken und

sprang schnell auf das hohe 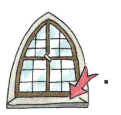.

Da hab ich wohl was falsch gemacht,

dachte der .

Er nahm das  U aus dem FRUSCH

und legte ein O hinein.

Da saß ein grüner

auf dem !

 gehabt!, dachte der

und zauberte gleich noch weitere

 grüne .

Plötzlich fror der . In der

war keine 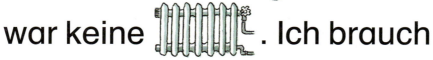. Ich brauch

eine , die zaubere ich mir!

Er wedelte mit dem ✨ und wieder gab es grelle ⚡ und viel stinkenden ☁!

Der 🐻 hielt sich die 🐽 zu.

Doch was war das? Eine 🍌-🧢!

„Ich 🫏!", rief der 🐻,

„Es muss doch 🎩 heißen!" Schnell weg mit dem N. ABRAKADABRA!

Wo bleibt das P? Da hatte der 🐻 eine mollige 🎩 auf!

178

Jetzt will ich mit einem

schreiben, überlegte sich Benno .

In der  fand er einen

 und einen . Ich hätte gern

warme , wünschte sich

der , aber er schrieb

HUNDSCHUHE auf das .

Er berührte das  mit

dem . Schon stand da

ein riesengroßer !

Der  hatte einen zotteligen

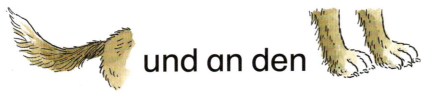 und an den

trug er nagelneue .

Er bellte laut und jagte die

auf den . Die  fiel um

und zersprang in 1000 .

Die  rettete sich

aus dem offenen .

„Das wollte ich doch nicht!",

rief der erschrocken.

Er strich das  durch

und malte ein . Da lagen

wunderschöne  auf dem

! Noch vieles mehr schrieb

der auf das .

Er zauberte lustig weiter bis

die schlug.

Da ging die auf

und der  trat herein.

Der  machte große .

Was war da alles versammelt!

viel ..., 1 ...,

2 ..., und 1 ... mit ... .

Und auch noch 1  und
1 große  auf dem !

„Die 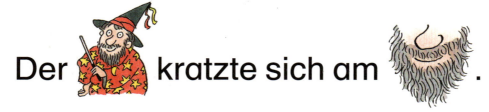 war ein 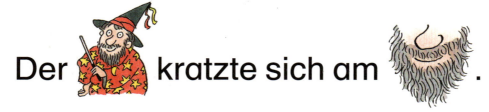",
sagte der 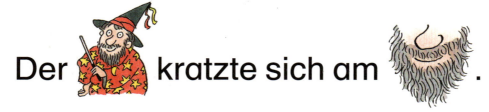, „der ist aber

leider schon geschmolzen!"

Der  kratzte sich am .

„Du musst noch viel lernen,
Benno !", sagte er.

Dann lachte er so laut, dass ihm
die  von der  hüpfte.

Die Wörter zu den Bildern:

Kennst du schon die Buchstaben?

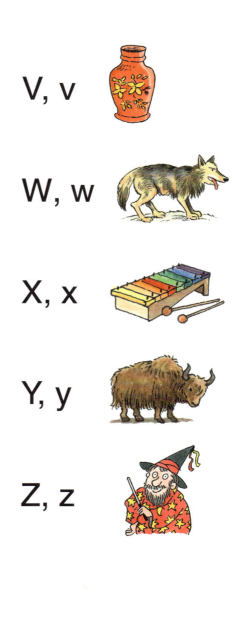

O, o

P, p

Q, q

R, r

S, s

T, t

U, u

V, v

W, w

X, x

Y, y

Z, z

Quellenverzeichnis

„Wo ist dein Besen, kleine Hexe?"
mit Illustrationen von Erhard Dietl
und Text von Ingrid Uebe,
© Ravensburger Buchverlag

„Die Abenteuer des kleinen Piraten"
mit Illustrationen von Markus Grolik
und Text von Ingrid Uebe,
© Ravensburger Buchverlag

„Drei ganz dicke Freunde"
mit Illustrationen von Eva Czerwenka
und Text von Rosemarie Künzler-Behncke,
© Ravensburger Buchverlag

„Ein Fußball zum Geburtstag"
mit Illustrationen von Erhard Dietl
und Text von Manfred Mai,
© Ravensburger Buchverlag

„Der Hasenfranz und die frechen Eierräuber"
mit Illustrationen von Hermien Stellmacher
und Text von Ursel Scheffler,
© Ravensburger Buchverlag

„1, 2, 3 – Zahlen fliegt herbei"
mit Illustrationen von Michael Schober
und Text von Ingrid Uebe,
© Ravensburger Buchverlag

„Kannst du schon lesen, Benno Bär?"
mit Illustrationen und Text von Erhard Dietl
© Ravensburger Buchverlag

Bibliografische Information der Deutschen Nationalbibliothek:

Die Deutsche Nationalbibliothek verzeichnet diese Publikation in der Deutschen Nationalbibliografie. Detaillierte bibliografische Daten sind im Internet über **http://dnb.d-nb.de** abrufbar.

4 3 2 1   15 14 13 12

© 2012 Ravensburger Buchverlag Otto Maier GmbH
Postfach 1860 · 88188 Ravensburg
Umschlagillustration: Angela Weinhold
Printed in Germany
ISBN 978-3-473-44578-3
www.ravensburger.de